*Ein Geschenk für*

*mit besten Wünschen von*

Bestell-Nr. 5192

© 2022 by Reinhard Kawohl 46485 Wesel
Alle Rechte vorbehalten

Titelfoto: Getty Images / pixelliebe

Weitere Fotografen und Quellenangaben:
siehe Seite 122/123

Gestaltung und Zusammenstellung:
Kawohl Verlag / R. Konrad

Druck und Bindung:
Drukarnia Dimograf, Bielsko-Biała, Polen

ISBN: 978-3-86338-192-9          www.kawohl.de

# Mit Freude durch den Tag

## 52 Impuls-Geschichten mit Humor

# Vorwort

Erinnern Sie sich daran, wann Sie zum letzten Mal
über eine eigentlich alltägliche Situation geschmunzelt
haben oder Ihr Herz sich über eine schöne, vielleicht
zufällige Begegnung oder Erfahrung gefreut hat?
Solche Erlebnisse haften im Gedächtnis.

Die folgenden Seiten halten genau dies für Sie bereit.
Unterschiedliche Erlebnisse und Erfahrungen lassen
aufatmen, zaubern ein Lächeln auf Ihr Gesicht oder
berühren Ihre Seele mit werthaltigen Impulsen.

52 kleine Impuls-Geschichten warten darauf, von
Ihnen entdeckt zu werden. Sie eignen sich auch gut
zum Vortragen bei unterschiedlichen Anlässen,
z. B. im Freundeskreis, bei Gottesdiensten,
in Hauskreisen oder Frauengruppen.

Ich wünsche Ihnen viel Entdeckerfreude,
ein offenes Herz für die kleinen Besonderheiten
und Gottes Segen!

*R. Kawohl*
Reinhard Kawohl

# 50 Jahre Höflichkeit

Ein älteres Ehepaar feierte nach langen Ehejahren
das Fest der Goldenen Hochzeit.

Beim gemeinsamen Frühstück dachte die Frau:
„Seit fünfzig Jahren habe ich immer auf meinen Mann
Rücksicht genommen und ihm immer das knusprige
Oberteil des Brötchens gegeben. Heute will ich mir
endlich diese Delikatesse gönnen."

Sie schmierte sich das Oberteil des Brötchens und gab das andere Teil ihrem Mann.

Entgegen ihrer Erwartung war dieser hocherfreut, küsste ihre Hand und sagte: „Mein Liebling, du bereitest mir die größte Freude des Tages. Über 50 Jahre habe ich das Brötchenunterteil nicht mehr gegessen, das ich vom Brötchen am allerliebsten mag. Ich dachte mir immer, du solltest es haben, weil es dir so gut schmeckt."

# Was hast du
## mir zu geben?

Ich ging als Bettler von Tür zu Tür die Dorfstraße ent-
lang. Da erschien in der Ferne ein goldener Wagen
wie ein schimmernder Traum, und ich fragte mich, wer
dieser König der Könige sei.

Und - welch ein Wunder - tatsächlich, der Wagen hielt an, wo ich stand. Hoffnung stieg in mir auf: die schlimmen Tage der Armut und des harten Existenzkampfes schienen vorüber.
Was hat dieser Herrscher wohl zu geben?

Dein Blick fiel auf mich und mit einem Lächeln wandtest du dich mir zu. Ich fühlte mein Lebensglück nahen. Dann strecktest du plötzlich die rechte Hand aus und sagtest: „Was hast du mir zu geben?"

Welch ein königlicher Scherz, bei einem Bettler zu betteln! Ich war verlegen, stand unentschlossen da, nahm schließlich aus meinem Beutel ein winziges Reiskorn und gab es dir. Enttäuscht setzte ich meinen Weg fort.

Doch wie groß war mein Erstaunen, als ich am Abend meinen Beutel umdrehte und zwischen dem wertlosen Plunder das kleine Korn wieder fand - zu Gold verwandelt. Da weinte ich bitterlich und trauerte, dass ich nicht den Mut gefunden hatte, dir mein Alles zu geben.
Symbolisches Gedicht von Rabindranath Tagore

# Was Glaube ist

Als Jiri Izrael, einer der Stillen im Getümmel der Welt,
im Jahre fünfzehnhunderteinundfünfzig bei Thorn
über die gefrorene Weichsel ging, begann vor
seinen Füßen plötzlich das Eis zu brechen.
Und Jiri Izrael sprang von Scholle zu Scholle
und sang dabei den Psalm:

Lobet im Himmel den Herrn, lobet ihn in der Höhe,
lobet ihn all sein Heer − von Scholle zu Scholle −

Lobet ihn Sonne und Mond, lobet ihn
alle leuchtenden Sterne − von Scholle zu Scholle −

Lobet ihn, ihr Himmel aller Himmel und ihr Wasser
über dem Himmel – von Scholle zu Scholle –
Lobet den Namen des Herrn alle Dinge,
denn er gebot, da wurden sie geschaffen –
von Scholle zu Scholle –
Lobet den Herrn auf Erden, ihr großen Fische und
alle Tiefen des Meeres – von Scholle zu Scholle –

Lobet den Namen des Herrn, denn sein Name allein
ist hoch, seine Herrlichkeit reicht so weit Himmel und
Erde ist. Und so gelangte Jiri Izrael aus der Strömung
des Flusses glücklich ans Ufer.

# Das Genie

Eines Tages kam Thomas Edison von der Schule nach Hause und gab seiner Mutter einen Brief. Kleinlaut sagte er: „Mein Lehrer hat mir diesen Brief gegeben und mir aufgetragen, ich solle ihn nur meiner Mutter zu lesen geben."

Die Mutter hatte die Augen voller Tränen, als sie dem Kind laut vorlas, was dort offensichtlich stand: „Ihr Sohn ist ein Genie. Diese Schule ist zu klein für ihn, und sie hat keine Lehrer, die gut genug sind, ihn zu unterrichten. Bitte unterrichten Sie ihn selbst."

Viele Jahre nach dem Tod der Mutter, durchsuchte Edison alte Familiendokumente. Plötzlich stieß er in einer Schreibtischschublade auf den Brief seines alten Lehrers. Er las: „Ihr Sohn ist geistig behindert. Wir wollen ihn nicht mehr in der Schule haben."

Edison weinte stundenlang und schrieb dann in sein Tagebuch: „Thomas Alva Edison war ein geistig behindertes Kind. Aber durch eine heldenhafte Mutter wurde er zum größten Genie des Jahrhunderts."

# Wohin geht die Reise?

Ein Mann sitzt in einem Bummelzug.
Bei jeder Station steckt er den Kopf zum
Fenster hinaus, liest den Ortsnamen und stöhnt.

Nach einigen Stationen fragt ihn sein Gegenüber besorgt: „Tut Ihnen etwas weh? Was ist los?"

Da antwortet der Mann: „Eigentlich müsste ich aussteigen. Ich fahre die ganze Zeit in die falsche Richtung. Aber hier drinnen ist es so schön warm."

# Liebe braucht Zeit

Es war einmal eine Insel, auf der lebten alle Gefühle, Eigenschaften und was sonst noch einen Menschen ausmacht und bestimmt. Eines Tages stellten die Einwohner fest, dass die Insel zu sinken begonnen hatte und von Tag zu Tag weiter im Meer verschwand. Nach und nach bestiegen alle ihre Boote und verließen das Eiland.

Die Liebe war die einzige, die blieb und bis zum letzten Moment ausharrte. Erst kurz vor dem endgültigen Versinken entschied sie sich, die anderen um Hilfe zu bitten.

In einem gewaltigen Kreuzfahrtschiff fuhr der Reichtum an der Insel vorbei und die Liebe rief ihm zu: „Reichtum, kannst du mich mitnehmen?"

Doch der Reichtum antwortete: „Nein, das kann ich nicht. Ich habe viel Gold und Silber geladen, für dich ist kein Platz mehr an Bord."
Als die Eitelkeit in einer schnittigen Yacht in Rufnähe kam, bat die Liebe: „Eitelkeit, bitte hilf mir!"
„Ich kann dir nicht helfen, Liebe. Du bist ganz nass und könntest meine schönen Teak-Planken beschädigen", antwortete die Eitelkeit.

Die Traurigkeit trieb in einem Ruderboot vorüber, aber sie erwiderte der Liebe nur: „Oh … Liebe, ich bin so traurig, dass ich alleine sein muss."
Mit lauter Musik schoss die Freude in einem Motorboot heran. Doch sie war so glücklich und ausgelassen, dass sie die Liebe gar nicht rufen hörte.

Aber während sie noch dem Boot nachschaute, hörte die Liebe eine leise Stimme hinter sich:
„Komm, Liebe, ich nehme dich mit."
Freudig stieg die Liebe ein und fuhr mit bis ans Festland. Erst nachdem sich ihre Wege getrennt hatten, fiel ihr auf, dass sie ihre Wohltäterin gar nicht nach ihrem Namen gefragt hatte. Weil sie ihr aber danken wollte, ging sie zur Weisheit und fragt, wer sie gerettet habe.

„Es war die Zeit", antwortete die Weisheit.
„Die Zeit?", fragte die Liebe. „Aber warum hat gerade sie mir geholfen?" Da antwortete die Weisheit:
„Weil nur die Zeit versteht, wie großartig die Liebe ist."

# Vertrauen

Ein kleiner Junge war zu Besuch bei seinem Großvater. Im Garten umherstöbernd fand er unter einem Busch eine kleine Landschildkröte. Begeistert fing der Junge sofort an sie zu untersuchen. Doch schneller als er schauen konnte, zog sich die Schildkröte in ihren Panzer zurück. Vergebens versuchte er sie mit einem Stöckchen herauszuholen.

Da trat der Großvater hinzu und nahm ihm das Tier behutsam aus der Hand. „Komm, ich zeig' dir, wie man das macht."

Er nahm die Schildkröte mit ins Haus und legte sie auf den angenehm warmen Kachelofen. Es dauerte nicht lange und schon kamen der Kopf und die Füße vorsichtig aus dem Panzer hervor. Mit wachen Augen blinzelte das Tier umher und kroch auf den Jungen zu.

„Siehst du", sagte der Großvater, „du brauchst ihr Vertrauen. Und mit Menschen ist es genauso. Wenn du sie zwingst, gewinnst du nicht viel. Wärme sie nur mit etwas Güte auf und sie verlassen ihre Panzer."

# Königskinder

Es war einmal ein König. In seiner Stadt herrschte große Armut. Die Menschen in der Stadt waren verbittert und unzufrieden und sie fürchteten ihren Herrscher.

Eines Tages ließ der König alle Bewohner am Stadtplatz versammeln, um ihnen etwas Wichtiges mitzuteilen. Gespannt und ängstlich richteten die Menschen ihre Blicke auf den König und waren neugierig auf die wichtige Mitteilung. Der König sprach:
„Ich habe heimlich ein Königskind gegen eines eurer Kinder getauscht. Behandelt es gut. Sollte ich erfahren, dass meinem Kind Schlechtes widerfährt, werde ich den Schuldigen zur Rechenschaft ziehen!"

Dann kehrte der König auf sein Schloss zurück. Die Stadtbewohner fürchteten die Strafe, weil niemand wusste, welches das Königskind war. Deshalb begannen die Menschen, alle Kinder in der Stadt so zu behandeln, als wäre jedes einzelne das Königskind.

Es vergingen viele Jahre. Die Kinder wurden zu Erwachsenen und bekamen selber Kinder. Der mittlerweile alte König beobachtete mit Genugtuung die Entwicklung in seiner Stadt. Aus der früheren armen

und schmutzigen Stadt wurde eine prachtvolle, weit über die Landesgrenzen bekannte Stadt. Es gab Krankenhäuser, Schulen, eine große Bibliothek ...

Die Bewohner waren zufrieden und glücklich.
Und warum?
Weil alle Bewohner die Kinder in der Stadt mit viel Liebe und gut erzogen haben. Da niemand wusste, welches Kind das Königskind war, wurde jedes in der Stadt so behandelt, als wäre es vom König.

# Die Botschaft

Kaiser Karl der Dicke suchte immer Rat bei dem Mönch Notger in St. Gallen. Dieser Mönch stotterte so stark, dass er wenig sprach, aber umso mehr zuhörte. Eines Tages schickte der Kaiser seinen Boten nach St. Gallen, weil er einen Rat brauchte.

Der Mönch arbeitete im Garten bis spät in die Nacht und hatte keine Zeit für den Boten. Am nächsten Morgen fing er gleich wieder ganz früh an zu arbeiten bis spät in die Nacht. Der Bote wartete und wartete und als der Mönch am dritten Tag immer noch keine Zeit hatte, weil er die Erde lockerte, das Unkraut vorsichtig entfernte, die Pflänzchen goss und pflegte, kam der Bote wütend zum Mönch und sagte:

„Ich werde jetzt nicht mehr länger warten und werde meinem Kaiser berichten, dass du keine Zeit für ihn hast, weil du lieber deine Pflanzen pflegst, anstatt dich um seine Belange zu kümmern!"

„Ja", sagte der Mönch, „genau das ist die Botschaft, die ich deinem Herrn mitgeben möchte!" Als der Bote dem Kaiser berichtete, wie sich der Mönch verhalten hatte und was er ihm ausrichten solle, lächelte der Kaiser nach einigen Augenblicken und dankte dem Boten. Er hatte die Botschaft verstanden und wusste, dass es nichts Wichtigeres gab, als sich um sein Volk zu kümmern.

# Was vor Augen ist

Jeden Tag ging Nasrudin mit seinem Esel über die Grenze, die Lastkörbe hoch mit Stroh beladen.

Da er zugab, ein Schmuggler zu sein, durchsuchten ihn die Grenzwachen immer wieder. Sie machten Leibesvisitationen, siebten das Stroh durch, tauchten es in Wasser und verbrannten es sogar von Zeit zu Zeit.

Nasrudin wurde unterdes sichtlich wohlhabender. Schließlich setzte er sich zur Ruhe und zog in ein anderes Land. Dort traf ihn Jahre später einer der Zollbeamten.

„Jetzt könnt ihr mir es ja verraten, Nasrudin.", sagte er. „Was habt ihr damals nur geschmuggelt, als wir euch nie etwas nachweisen konnten?"

„Esel!", sagte Nasrudin.

# In guter Tradition

Das junge Paar war frisch verheiratet. Eines Tages beschloss die junge Frau eine Lammkeule zu schmoren. Bevor sie das Ganze in den Ofen schob, schnitt sie von der Keule das untere Stück ab und legte dann die zwei Teile nebeneinander in den Schmortopf.

Ihr Mann schaute ihr über die Schulter und fragte sie: „Warum machst du das?" „Ich weiß nicht, aber meine Mutter machte das immer genau so.", war die Antwort.

Daraufhin fragte der Mann seine Schwiegermutter,
warum sie das untere Stück der Keule abschnitt.
„Ich weiß nicht, aber meine Mutter machte das immer
genau so.", antwortete die Schwiegermutter.

Die Großmutter war noch am Leben und so ging
der Mann zu ihr und fragte auch sie, warum sie
den unteren Teil der Lammkeule vor dem Schmoren
abschnitt. Und die Großmutter antwortet:
„Ach, das hat einen ganz einfachen Grund:
Mein Schmortopf war damals so klein, dass der
ganze Braten einfach nicht hineinpasste."

# Gott sehen

In einem fernen Land lebte einmal ein König. Als er alt wurde, sprach er: „Seht, in meinem Leben habe ich alles erlebt, was man erleben kann. Nur Gott habe ich nicht gesehen. Ihn möchte ich noch sehen, bevor ich sterbe."

Deshalb erließ der König an alle Machthaber, Weisen und Priester den Befehl, ihm Gott zu zeigen. Schwerste Strafen wurden angedroht, wenn es ihnen nicht gelänge. Alle Bewohner des königlichen Palastes bekamen Angst und sie warteten auf ihr bevorstehendes Ende.

Da kam ein Hirte vom Feld, der von des Königs Befehl gehört hatte, und sagte: „Erlaube mir, König, deinen Wunsch zu erfüllen!" Der Hirte führte den König auf einen freien Platz und zeigte ihm die Sonne.

„Sieh hin", sagte er. Sofort senkte der König geblendet den Kopf und rief: „Willst du, dass ich erblinde?" „Aber König", sagte der Hirte, „das ist doch nur ein Ding der Schöpfung, ein schwacher Abglanz der Größe Gottes, ein kleines Fünkchen seines flammenden Feuers. Wie willst du mit deinen schwachen Augen Gott sehen? Suche ihn mit anderen Augen!"
nach Leo Tolstoi

# Für euch

Meine Schwester und ich wohnen im selben Stadtteil. Und doch sahen wir uns selten.

In ihren Briefen stellte meine Mutter immer die Frage: „Wann hast Du Deine Schwester zum letzten Mal gesehen?" Nachdem ich ihr zurückschreiben musste: „Vor drei Monaten", entschied sich Mutter zu handeln.

Und so bekam ich kurz danach seltsame Post.

Mutter schickte mir nämlich die Seiten eins und drei eines Briefs, der an uns beide gerichtet war. Da wusste ich: Meine Schwester hat die fehlenden Seiten zwei und vier.

Seitdem bekommen wir monatlich je einen halben Brief. Und wir freuen uns jedesmal, bei dieser Gelegenheit einen gemeinsamen Abend zu verbringen.

Das konnte nur Mutter fertigbringen!

# Unglaublich

Eine Oma fragt ihren Enkel, was er im Kindergottes-
dienst gelernt hätte. „Na ja", sagte er, „unsere Lehrerin
hat uns davon erzählt, wie Gott Mose auf eine Ret-
tungsmission hinter die feindlichen Linien geschickt
hat, um das Volk Israel zu befreien. Als Mose ans Rote
Meer kam, ließ er seine Soldaten eine Schwimmbrücke
bauen und das ganze Volk überquerte das Rote Meer
ohne nasse Füße zu kriegen. Dann hat er sein Haupt-
quartier angefunkt und um Luftunterstützung gebeten.

Sie schickten Bomber, um die Brücke in die Luft zu sprengen, und alle Israeliten wurden gerettet."
„Aber Kind, hat man euch das wirklich so erzählt?",
wollte die Oma wissen.

„Natürlich nicht! Aber, wenn ich dir erzählen würde,
was uns erzählt worden ist, würdest du es erst recht
nicht glauben!"

# Die drei Siebe

Ganz aufgeregt kam einer zum weisen Sokrates
gelaufen: „Höre, Sokrates, das muss ich dir erzählen,
wie dein Freund ..."

„Halt ein!", unterbrach ihn der Weise.
„Hast du das, was du mir erzählen willst,
durch die drei Siebe gesiebt?"

„Drei Siebe?", fragte der andere verwundert.

„Ja, drei Siebe. Das erste Sieb ist die Wahrheit.
Hast du alles, was du mir erzählen willst, geprüft,
ob es wahr ist?"

„Nein, ich hörte es erzählen."

„So, so. Aber sicher hast du es mit dem zweiten Sieb
geprüft, es ist die Güte. Ist, was du mir erzählen willst,
wenn schon nicht als wahr erwiesen, so doch
wenigstens gut?"

„Nein, das ist es nicht, im Gegenteil."

Der Weise unterbrach ihn: „Lass uns auch noch das
dritte Sieb anwenden und fragen, ob es notwendig ist,
mir das zu erzählen, was dich so erregt."

„Notwendig nun gerade nicht."

„Also", lächelte der Weise, „wenn das, was du mir
erzählen willst, weder wahr, noch gut, noch notwendig
ist, so lass es begraben sein und belaste dich
und mich nicht damit!"
Axel Kühner

# Der unbesiegbare Keim

Eine Tulpenzwiebel erwachte unter dem gefrorenen Boden und streckte vorsichtig den Keim aus der Schale. Da lachte der grimmige Frost und sagte: „Es wird dir nie gelingen, die eisige Kälte um dich herum zu durchbrechen!" Die Tulpenzwiebel widersprach: „Ich spüre aber den unwiderstehlichen Drang in mir, es zu versuchen. Mich erfüllt eine Sehnsucht, die mich nach oben drängt."

Die Sonne mit ein paar warmen Strahlen kam ihr zu Hilfe: „Ja, wage dich hervor und kündige die neue Jahreszeit an, die viele Menschen wieder hoffen lässt." Es dauerte nicht lange, da durchbohrte der Keim der Tulpe die harte, kalte Erde. Und zähneknirschend wich der Frost zurück.

Er war machtlos gegen den winzigen, grünen Keim.

# Die böse Überraschung

Eines Tages ging über eine Provinz in England
ein heftiges Regenwetter nieder.

Während die Bäuerin gerade ihr Fenster schließen
wollte, klopfte es an der Tür. Eine einfach gekleidete
Frau stand da und bat um einen Regenschirm.
„Nun, den alten, kaputten Regenschirm können Sie
kriegen. Meinen neuen aber verleihe ich nicht.
Wer weiß, ob ich ihn jemals zurückbekomme."

So zog die Frau mit dem verschlissenen
Regenschirm ihres Weges.

Am nächsten Morgen ging der Bäuerin nicht nur die
Sonne, sondern auch ein ganz anderes Licht auf.
Vor ihrem Haus sprang ein königlicher Gardeoffizier
vom Pferd und brachte den Schirm zurück mit den
Worten: „Königin Viktoria von England lässt danken
und ausrichten, dass er Ihrer Majestät gute Dienste
geleistet hat!"

Tief betroffen stöhnte die Frau:
„Wenn ich das geahnt hätte!"

# Der Schlüssel zur Freiheit

Es war einmal ein Edler, des Freunde und Angehörige durch ihren Leichtsinn um ihre Freiheit gekommen waren und in fremdem Lande in harte Gefangenschaft geraten waren. Er konnte sie in solcher Not nicht wissen und beschloss, sie zu befreien. Das Gefängnis war fest verwahrt und von inwendig verschlossen, und niemand hatte den Schlüssel. Als der Edle sich ihn nach vieler Zeit und Mühe zu verschaffen gewusst hatte, band er dem Kerkermeister die Hände und Füße und reichte den Gefangenen den Schlüssel durchs Gitter, dass sie aufschlössen und mit ihm heimkehrten.

Die aber setzten sich hin, den Schlüssel zu besehen
und darüber zu ratschlagen. Es wird ihnen gesagt,
der Schlüssel sei zum Aufschließen, und die Zeit sei
kurz. Sie aber blieben dabei, zu besehen und zu ratschlagen. Und einige fingen an, an dem Schlüssel
zu meistern und daran ab- und zuzutun. Und als er
nun nicht mehr passen wollte, waren sie verlegen und
wussten nicht, wie sie mit ihm tun sollten. Die andern
aber hatten ihren Spott und sagten, der Schlüssel sei
gar kein Schlüssel, und man brauche auch keinen.
Matthias Claudius

# Frieden stiften

In einem kleinen Dorf in Vietnam lebten Leute, die mit den Bewohnern jenseits des Flusses verfeindet waren. Das war so - keiner kannte mehr den Grund.

Aber es muss einmal viel Blut geflossen sein, denn der Fluss zwischen ihnen hieß „Roter Fluss". Und dabei war sein Wasser gelb und schlammig.

Eines Morgens fällte ein Mann, Ly Bon, lange Bambusstangen, schleppte sie zum Fluss und rammte sie in den Boden.

Bald erkannten die Einwohner, dass er sich anschickte, eine Brücke über den Fluss zu bauen - kein leichtes Unterfangen, dabei nicht ins Wasser zu stürzen.

Eines Abends versammelten sich die Dorfältesten und fragten Ly Bon, warum er dies mache. Er antwortete: „Einer muss doch einmal mit dem Frieden anfangen!" Und nach einer Pause setzte er hinzu: „Ich muss sogar damit anfangen, selbst, wenn ich nicht weiß, ob ich auf der anderen Seite mit Bambusstäben vertrieben werde."
Heribert Haberhausen

# Lerne, den Löwenzahn zu lieben

Ein Mann beschloss, einen Garten anzulegen.
Also bereitete er den Boden vor und streute
den Samen wunderschöner Blumen aus.

Als die Saat aufging, wuchs auch der Löwenzahn.
Da versuchte der Mann mit mancherlei Methoden,
des Löwenzahns Herr zu werden. Weil aber nichts
half, ging er in die ferne Hauptstadt, um dort den
Hofgärtner des Königs zu befragen.

Der weise, alte Gärtner, der schon manchen Park
angelegt und allzeit bereitwillig Rat erteilt hatte,
gab vielfältig Auskunft, wie der Löwenzahn
loszuwerden sei. Aber das hatte der Fragende
alles schon selbst probiert.

So saßen die beiden eine Zeitlang schweigend
beisammen, bis am Ende der Gärtner den ratlosen
Mann schmunzelnd anschaute und sagte:
„Wenn denn alles, was ich dir vorgeschlagen habe,
nichts genützt hat, dann gibt es nur noch einen
Ausweg: Lerne, den Löwenzahn zu lieben."

# Der Junge, dem ein Arm fehlte

Es war einmal ein Junge. Er war mit nur einem Arm auf die Welt gekommen, der linke fehlte ihm.

Nun war es so, dass sich der Junge für den Kampfsport interessierte. Er bat seine Eltern so lange darum, Unterricht in Judo nehmen zu können, bis sie nachgaben, obwohl sie wenig Sinn darin sahen, dass er mit seiner Behinderung diesen Sport wählte.

Der Meister, bei dem der Junge lernte, brachte ihm einen einzigen Griff bei und den sollte der Junge wieder und wieder trainieren. Nach einigen Wochen fragte der Junge: „Sag, Meister, sollte ich nicht mehrere Griffe lernen?"

Sein Lehrer antwortete: „Das ist der einzige Griff, den du beherrschen musst." Obwohl der Junge die Antwort nicht verstand, fügte er sich und trainierte weiter.

Irgendwann kam das erste Turnier, an dem der Junge teilnahm. Und zu seiner Verblüffung gewann er die ersten Kämpfe mühelos. Mit den Runden steigerte sich auch die Fähigkeit seiner Gegner, aber er schaffte es bis zum Finale.

Dort stand er einem Jungen gegenüber, der sehr viel größer, älter und kräftiger war als er. Auch hatte der viel mehr Erfahrungen. Einige regten an, diesen ungleichen Kampf abzusagen und auch der Junge zweifelte einen Moment, dass er eine Chance haben würde. Der Meister aber bestand auf den Kampf.

Im Moment einer Unachtsamkeit seines Gegners gelang es dem Jungen, seinen einzigen Griff anzuwenden – und mit diesem gewann er zum Erstaunen aller.

Auf dem Heimweg sprachen der Meister und der Junge über den Kampf. Der Junge fragte: „Wie war es möglich, dass ich mit nur einem einzigen Griff das Turnier gewinnen konnte?"

„Das hat zwei Gründe: Der Griff, den du beherrschst, ist einer der schwierigsten und besten Griffe im Judo. Darüber hinaus kann man sich gegen ihn nur verteidigen, indem man den linken Arm des Gegners zu fassen bekommt."

Und da wurde dem Jungen klar, dass seine größte Schwäche auch seine größte Stärke war.

# Vergiss das Gute nicht

Ein Mann besaß ein schönes Grundstück mit einem hübschen, wohnlichen Haus darauf. Aber er träumte von einem noch besseren Haus.

Schließlich wurde er so unzufrieden, dass er beschloss, sein Anwesen zu verkaufen und sich nach seinem Traumhaus umzusehen. Mit dem Verkauf beauftragte er einen Makler. Nun machte er sich auf die Suche nach einem geeigneten neuen Haus.

Eines Tages entdeckte er in der Zeitung ein wunderbares Angebot. Alle Angaben entsprachen seinen Vorstellungen. Als er die näheren Unterlagen anforderte, musste er mit Verwunderung feststellen, dass es sich um sein eigenes Grundstück handelte.

Axel Kühner

# Die Glocke

Der Vorsteher bat einen Bruder, der erst vor einigen Tagen in das Kloster eingetreten war, die Glocke zu läuten, um die Gebetszeit anzuzeigen.

Der junge Bruder ergriff das Seil
und zog heftig daran.

Die Glocke gab einige scheppernde Töne von sich. Er zog stärker und stärker, aber er konnte kein richtiges Geläute zustande bringen. Der Vorsteher sah ihm wortlos zu, bis jener mit einem enttäuschten Schulterzucken das Seil losließ.

In diesem Augenblick ertönte
ein harmonisches Geläut.

Der Vorsteher des Klosters nahm den Bruder in den Arm und tröstete ihn:
„Du hast schon die erste wichtige Regel
für ein spirituelles Leben gelernt:
Ziehen und loslassen.
Anspannen und Ausspannen.
Zärtlichkeit und Kraft."

In der 4a schweben wunderschöne Friedenstauben
aus weißem Papier vor den Fenstern. Jedes Kind hat
eine gebastelt. Auf der Tafel steht:

# Friede * Peace * Shalom

Die 4a plant ein Friedensfest.

Die Tür geht auf. Klaus kommt herein. Der Klaus aus
der 4b. Mit ihm kommt ein Windstoß, weil ein Gang-
fenster und ein Klassenfenster offen sind.
Die Friedenstauben beginnen zu schwanken.
Die dünnen Fäden verheddern sich.

„Tür zu!", schreit einer. Klaus steht und schaut.
„Tür zu!"

Klaus guckt noch verwirrter und tut nichts.
Florian schiebt ihn zur Seite und knallt die Tür zu.
Klaus stupst Florian. Florian stupst Klaus.
Ein paar Kinder versuchen, die Tauben zu entwirren.
Eine Papiertaube reißt ein, dann eine zweite und eine
dritte. Harry geht auf Klaus zu. Seine Daumen stecken
im Gürtel. Er ist ziemlich zornig. Klaus hebt die Ellbo-
gen vors Gesicht. „Was habt ihr denn?", fragt er.
„Wir machen Frieden, du Trottel!", brüllt Harry.
Renate Welsh

# Ich möchte Gott treffen

Es war einmal ein kleiner Junge, der unbedingt Gott treffen wollte. Er war sich darüber bewusst, dass der Weg zu dem Ort, an dem Gott lebte, ein sehr langer war. Also packte er sich einen Rucksack voll mit einigen Coladosen und mehreren Schokoladenriegeln und machte sich auf die Reise. Er lief eine ganze Weile und kam in einen kleinen Park. Dort sah er eine alte Frau, die auf einer Bank saß und den Tauben zuschaute, die vor ihr nach Futter auf dem Boden suchten.

Der kleine Junge setzte sich zu der Frau auf die Bank und öffnete seinen Rucksack. Er wollte sich gerade eine Cola herausholen, als er den hungrigen Blick der alten Frau sah. Also griff er zu einem Schokoriegel und reichte ihn der Frau. Dankbar nahm sie die Süßigkeit und lächelte ihn an. Und es war ein wundervolles Lächeln! Der kleine Junge wollte dieses Lächeln noch einmal sehen und bot ihr auch eine Cola an. Und sie nahm die Cola und lächelte wieder - noch strahlender als zuvor.

Der kleine Junge war selig. Die beiden saßen den ganzen Nachmittag lang auf der Bank im Park, aßen Schokoriegel und tranken Cola - aber sprachen kein Wort.

Als es dunkel wurde, spürte der Junge, wie müde er war und er beschloss, zurück nach Hause zu gehen. Nach einigen Schritten hielt er inne und drehte sich um. Er ging zurück zu der Frau und umarmte sie. Die alte Frau schenkte ihm dafür ihr allerschönstes Lächeln. Zu Hause sah seine Mutter die Freude auf seinem Gesicht und fragte: „Was hast du denn heute Schönes gemacht, dass du so fröhlich aussiehst?" Und der kleine Junge antwortete: „Ich habe mit Gott zu Mittag gegessen - und sie hat ein wundervolles Lächeln!"

Auch die alte Frau war nach Hause gegangen, wo ihr Sohn schon auf sie wartete. Auch er fragte sie, warum sie so fröhlich aussah. Und sie antwortete: „Ich habe mit Gott zu Mittag gegessen - und er ist viel jünger, als ich gedacht habe."

# Ich liebe mich, wenn ich bei euch bin

Eine Indianerin pflegte meiner Mutter stets ein paar Rebhuhneier oder eine Handvoll Waldbeeren zu bringen. Meine Mutter sprach kein Araukanisch mit Ausnahme des begrüßenden „Mai-mai", und die Indianerin konnte kein Spanisch, doch sie genoss Tee und Kuchen mit anerkennendem Gekicher. Wir Mädchen bestaunten die farbigen, handgewebten Umhänge, von denen

sie mehrere übereinander trug und wetteiferten bei
dem Versuch, den melodischen Satz zu behalten,
den sie jedes Mal zum Abschied sagte.

Schließlich konnten wir ihn auswendig und sprachen
ihn dem Missionar vor, der ihn uns übersetzte:
„Ich werde wiederkommen; denn ich liebe mich,
wenn ich bei euch bin."

# Wenn du es eilig hast

Till Eulenspiegel ging eines schönen Tages mit seinem Bündel an Habseligkeiten zu Fuß zur nächsten Stadt. Auf einmal hörte er, wie sich schnell Hufgeräusche näherten und eine Kutsche hielt neben ihm. Der Kutscher hatte es sehr eilig und rief: „Sag schnell - wie weit ist es bis zur nächsten Stadt?"

Till Eulenspiegel antwortete: „Wenn Ihr langsam fahrt, dauert es wohl eine halbe Stunde. Fahrt Ihr schnell, so dauert es zwei Stunden, mein Herr."
„Du Narr!", schimpfte der Kutscher und trieb die Pferde zu einem schnellen Galopp an und die Kutsche entschwand Till Eulenspiegels Blick.

Till Eulenspiegel ging gemächlich seines Weges auf der Straße, die viele Schlaglöcher hatte. Nach etwa einer Stunde sah er nach einer Kurve eine Kutsche im Graben liegen. Die Vorderachse war gebrochen und es war just der Kutscher von vorhin, der sich nun fluchend daran machte, die Kutsche wieder zu reparieren.

Der Kutscher bedachte Till Eulenspiegel mit einem bösen und vorwurfsvollen Blick, worauf dieser nur meinte: „Ich sagte es doch: Wenn Ihr langsam fahrt, eine halbe Stunde…"

Märchen

# Die Fabel vom Frosch

Es war einmal ein Wettlauf der Frösche.
Das Ziel war es, auf den höchsten Punkt eines groß-
en Turmes zu gelangen. Es versammelten sich viele
andere Frösche, um zuzusehen und ihre Artgenossen
anzufeuern. Der Wettlauf begann.

In Wirklichkeit glaubte keiner von den Zuschauern daran, dass auch nur ein Frosch auf die Spitze des Turmes gelangen könnte.

Und alles, was man hörte, waren Sätze wie: „Die Armen! Sie werden es nie schaffen!"

Die Frösche begannen einer nach dem anderen aufzugeben. Außer einem, der weiterhin versuchte, auf die Spitze des Turmes zu klettern.

Die Zuschauer fuhren fort und sagten: „Die Armen! Sie werden es nie schaffen!"

Und die Frösche gaben sich geschlagen - außer dem einen Dickschädel, der nicht aufgab. Schlussendlich hatten alle Frösche ihr Vorhaben abgebrochen - nur jener Frosch hatte allein und unter großer Anstrengung die Spitze des Turmes erreicht.

Die anderen wollten von ihm wissen, wie er das geschafft hatte. Einer der anderen Frösche näherte sich ihm, um zu fragen, wie er es geschafft hätte, den Wettlauf zu gewinnen. Da merkten sie, dass er taub war.

# So wird die Welt besser

Der Rabbi von Alexander fasste eines Tages einen wichtigen Beschluss. Da die Erde voller Streit und Leid war, beschloss er, gleich am nächsten Tag damit zu beginnen, die ganze Welt zu verbessern.

Als er aufstand, erschien ihm das geplante Projekt doch etwas zu hoch gestochen, und er beschloss, nur das Land, in dem er lebte, in Ordnung zu bringen. Alsbald jedoch schien ihm auch dies eine zu schwere Aufgabe.

Vielleicht genügt es, so dachte er, wenn ich meiner Heimatstadt zu einer besseren Moral verhelfe. Oder die Gasse, in der ich lebe, oder wenigstens das Haus, in dem ich wohne, besser mache.

Als der Rabbi einsah, dass es ihm wahrscheinlich nicht einmal gelingen werde, seine Familie zur Besserung zu bewegen, fasste er den endgültigen Beschluss: „Also muss ich halt mit mir selbst beginnen."

# Der Blumenteppich

Zwei Mönche lebten in einem Tal. Jeder bewohnte eine eigene Hütte und widmete sich seinen frommen Übungen. Sie lasen die heiligen Schriften, schwiegen allezeit und sprachen nicht miteinander, denn keiner besuchte den anderen. Aber viele andere Menschen besuchten diese Mönche und staunten über ihren strengen Lebensstil und ihre Heiligkeit.

Eines Tages kam Gott zu einem von ihnen und fragte ihn nach dem Weg, der zu dem anderen führt. Den Weg zum anderen wisse er nicht, sagte dieser. Da ging Gott traurig zum Himmel zurück.

Nach vielen Jahren starben diese heiligen Mönche,
und ihre Hütten blieben verwaist. Eines Tages zogen
zwei andere Menschen in die beiden Hütten ein.
Sie machten einen Weg, um die Hütten zu verbinden,
um sich täglich besuchen zu können.

Gott kam herab und sah zu seinem Erstaunen einen
Weg zwischen den beiden Hütten. Voll Freude wan-
delte er von einer Hütte zur anderen, und als er weg-
gegangen war, wuchs ein herrlicher Blumenteppich
auf den Spuren seiner Schritte.

Legende

Sing doch

„Sing doch, liebe Nachtigall!",
rief ein Schäfer der schweigenden
Sängerin an einem lieblichen
Sommerabend zu.

„Ach!", sagte die Nachtigall,
„die Frösche quaken so laut,
dass ich alle Lust zum Singen verliere.
Hörst du sie nicht?"

„Ich höre sie freilich.", sagte der Schäfer.
„Aber dein Schweigen ist schuld,
dass ich nur sie vernehme."
nach Gotthold Ephraim Lessing

# Für dich

Zwei Schwestern wohnten einst beieinander.
Die jüngere war verheiratet und hatte Kinder,
die ältere war unverheiratet. Die beiden arbeiteten
zusammen, sie pflügten das Feld und streuten den
Samen aus. Zur Ernte brachten sie das Getreide ein
und teilten die Garben in zwei gleich große Stöße,
für jeden einen. Als es Nacht geworden war,
konnte die Ältere keine Ruhe finden:
„Meine Schwester hat eine Familie, ich bin allein
und ohne Kinder, sie braucht mehr Korn als ich."
Also stand sie auf und wollte heimlich ein paar
von ihren Garben zu denen ihrer Schwester legen.

Auch die Jüngere konnte nicht einschlafen.
„Meine Schwester ist allein und hat keine Kinder.
Wer wird in ihren alten Tagen für sie sorgen?"
Und sie stand auf, um von ihren Garben
ein paar zum Stoß der Älteren zu tragen.

Auf halbem Weg, mitten auf dem Feld,
trafen sie aufeinander. Da erkannte jede,
wie gut die andere es mit ihr meinte. Sie ließen
ihre Garben fallen und umarmten einander.
Seither wird gesagt, dieser Ort ist heilig.

# Die Suche

Es war einmal ein Steinhauer, der es leid war, in der brütend heißen Sonne Steine aus dem Berg zu hauen. „Es ist so schrecklich mühselig Steine zu hauen, und diese Sonne! Wie gern würde ich den Platz mit ihr dort oben am Himmel tauschen und so allmächtig sein wie sie!", sagte der Steinhauer laut zu sich.

Auf wundersame Weise erfüllte sich sein Wunsch, und er wurde zur Sonne. Freudig sandte er seine Strahlen hinab, musste jedoch rasch erkennen, dass sie von den Wolken abprallten.
„Was nutzt es, die Sonne zu sein, wenn die Wolken meine Strahlen aufzuhalten vermögen?", klagte er.

Und er wurde eine Wolke, flog über der Welt dahin,
regnete auf sie hinab und wurde schließlich vom
Wind zerfetzt und verweht. „Ah, der Wind kann also
die Wolken verwehen, so muss er wohl das stärkste
Element sein. Ich möchte der Wind sein."
Und er wurde zum Wind.

Er wehte und blies und toste. Doch eines Tages ver-
wehrte ihm eine hohe Wand den Weg. Es war ein
Berg. „Was nutzt es, der Wind zu sein, wenn ein Berg
mich aufhalten kann?" So wurde er ein Berg.
Doch bald spürte er etwas an ihm hämmern.
Es war ein Steinhauer.

# Schweigen

Der alte Abt eines Klosters fühlt nach einem langen und mühevollen Leben, dass es wohl bald mit ihm zum Ende kommt. Da möchte er noch einmal seinen besten Freund besuchen, um von ihm Abschied zu nehmen.

Ein junger Mönch begleitet ihn auf der langen und schwierigen Wanderung in das Bergkloster. Dort fallen sich die beiden alten Freunde in die Arme und freuen sich am Wiedersehen.

Nun setzen sie sich nieder und blicken sich schweigend an. Nach einigen Stunden erhebt sich der Abt, nimmt den Arm des jungen Mönchs und macht sich mit ihm auf den Heimweg.

„Warum habt ihr nicht miteinander gesprochen?", fragte der junge Mönch. Und der alte antwortet ihm: „Reden kann ich mit jedem Menschen auf der Welt, aber zum Schweigen braucht man einen wirklichen Freund!"
Axel Kühner

# Das Geheimnis des Glücks

Ein reicher Mann schickt eines Tages seinen Sohn zu einem bekannten Weisen, damit er dort das Geheimnis des Glücks lerne. Vierzig Tage wandert der Junge und kommt schließlich an einen prächtigen Palast. In einem großen Saal redet der Weise mit sehr vielen Menschen.

Herrliche Tafeln sind mit Köstlichkeiten gedeckt. Musiker spielen frohe Melodien. Nach mehreren Stunden kann der Junge dem Weisen seinen Wunsch vortragen.

„Ich habe im Moment keine Zeit, dir das Geheimnis des Glücks zu erklären. Sieh dich im Palast um und komme in zwei Stunden wieder. Hier, nimm diesen Löffel mit zwei Tropfen Öl darauf. Während du dir alles ansiehst, halte den Löffel so, dass das Öl nicht herunterläuft!" Der Junge geht durch den riesigen Palast, ohne den Blick von dem Löffel zu wenden, und nach zwei Stunden erscheint er wieder vor dem weisen Mann. „Nun, hast du all die kostbaren Teppiche, Möbel, Vasen und Vorhänge gesehen, dazu die wertvollen Bücher und Gemälde?"

Beschämt muss der Junge zugeben, dass er nur auf den Löffel geschaut und nichts von all den schönen Dingen im Palast gesehen hat. „Dann geh noch einmal durch den Palast und schau dir alles gut an!" Nun geht der Junge mit großer Aufmerksamkeit durch alle Räume und sieht, wie kunstvoll alles angeordnet und aufgestellt ist. Vor dem weisen Mann beschreibt er voller Bewunderung die vielen Schätze und Kostbarkeiten.

„Aber wo sind die Öltropfen, die ich dir mitgegeben habe?" Erschrocken stellt der Junge fest, dass er sie vor lauter Betrachten verschüttet hat. „Also das ist mein Rat an dich: Das Geheimnis des Glücks besteht darin, dass du alle Herrlichkeiten der Welt anschaust, ohne dass du darüber die dir anvertraute Gabe verlierst!"

Eine kleine Maus lief bei einem schlafenden Löwen vorbei, als dieser unerwartet erwachte. Er fing die Maus mit seinen mächtigen Tatzen und wollte sie fressen. Da flehte die Maus: „Bitte verzeihe mir meine Unvorsichtigkeit und schenke mir mein Leben. Ich will dir für immer dankbar dafür sein."

Da der Löwe sehr großmütig war, schenkte er der Maus ihre Freiheit. Lächelnd dachte er bei sich, wie denn eine kleine Maus einem Löwen ihre Dankbarkeit wohl zeigen könnte. Kurze Zeit später geriet der Löwe in eine Falle von Großwildjägern. Gefangen in einem Netz konnte dem Löwen trotz großer Anstrengungen niemand helfen. Der Löwe war verloren und gab seine Befreiungsversuche auf.

Da tauchte plötzlich die kleine Maus auf und begann die Knoten des Netzes zu zernagen.

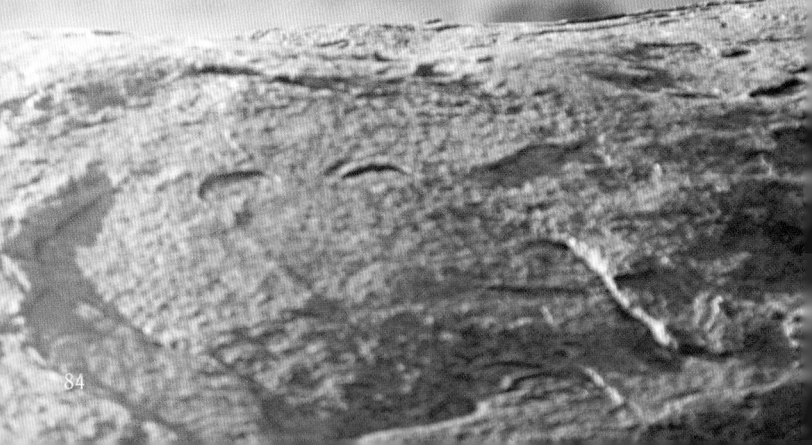

# Der Löwe
## und die Maus

# Die Weisheit
## der Fischer

In einer brasilianischen Gemeinde
von Fischern stellte jemand die Frage:
„Warum suchte Jesus einen Fischer
wie Petrus aus, um ihm die Leitung
der Kirche anzuvertrauen?"

Die Antwort: „Wer sich zu Land bewegt,
baut eine Straße und asphaltiert sie.
Dann wird er immer wieder diesen Weg benutzen.
Ein Fischer aber sucht die Fische dort,
wo sie sind. Deshalb sucht er jeden Tag
einen neuen Weg. Ihm kommt es darauf an,
die Fische ausfindig zu machen.
Es kann ja sein, dass der Weg
von gestern nicht zu den
Fischen von heute führt."

# Vertrauensvoll

Ein Junge kommt eines Tages zu seinem Vater und
bekennt ihm kleine Fehler. Der Vater verspricht ihm,
dass damit alles gut ist. Dann beten sie zusammen.

Der Junge betet: „Vater im Himmel, lass mich so groß
und stark werden wie mein Vater. Du kannst mir
alle Schwächen vergeben. Ich bitte dich darum!"

Abends, als der Junge im Bett ist,
betet auch der Vater:

„Vater im Himmel, lass mich so klein und
vertrauensvoll werden wie mein Kind!"
Axel Kühner

# Ein Liebesbrief

Eine Prinzessin bekommt von ihrem Verlobten zu ihrem Geburtstag ein großes, schweres Paket. Voller Erwartung öffnet sie die gewichtige Sendung und findet darin eine dunkle, schwere Eisenkugel. Tief enttäuscht und verärgert wirft sie die schwarze Kugel in die Ecke. Auf den Boden fallend, springt die äußere Schale der Kugel auf, und eine Silberkugel kommt zum Vorschein. Die Prinzessin nimmt die Silberkugel in die Hand, dreht und wendet sie nach allen Seiten. Da öffnet sich die silberne Hülle, und es kommt ein goldenes Etui heraus. Sorgsam bewegt die Prinzessin das Etui und findet ein kleines Knöpfchen, drückt es, und das Etui springt auf. Da liegt ein kostbarer Ring

mit einem wunderbaren Diamanten. Ein kleiner Brief
liegt dabei mit den Worten: „Aus Liebe zu dir!"
So geht es vielen Menschen mit der Bibel. Fremd
und schwer, dunkel und eigenartig erscheint sie auf
den ersten Blick. Wer sie aber in die Hand nimmt,
aufschlägt, sie hin und her wendet, von allen Seiten
betrachtet und darin liest, dem öffnet sie sich. Immer
neue Schönheiten, immer tiefere Werte werden wir bei
unserem Anschauen entdecken. Bis wir schließlich
den kostbaren Kern - einem Diamanten gleich - auf-
leuchten sehen: „Aus Liebe zu dir!" Die Bibel ist ein
einziger Liebesbrief Gottes an seine Menschenkinder.
Axel Kühner

# Weisheit des Alters

Ein 92-jähriger Mann beschloss nach dem Tod seiner Frau, ins Altersheim zu gehen. Die Wohnung schien ihm zu groß, und er wollte für seine letzten Tage auch noch ein bisschen Gesellschaft haben, denn er war geistig noch in guter Verfassung.

Im Heim musste er lange in der Halle warten, ehe ein junger Mann zu ihm kam und mitteilte, dass sein Zimmer nun fertig sei. Er bedankte sich und lächelte seinem Begleiter zu, während er, auf seinen Stock gestützt, langsam neben ihm herging. Bevor sie den Aufzug betraten erhaschte der Alte einen Blick in eines der Zimmer und sagte. „Mir gefällt es sehr gut."

Sein junger Begleiter war überrascht und meinte, er habe doch sein Zimmer noch gar nicht gesehen. Bedächtig antwortete der alte Mann.
„Wissen Sie, junger Mann, ob ich den Raum mag oder nicht, hängt nicht von der Lage oder der Einrichtung, sondern von meiner Einstellung ab, von der Art, wie ich ihn sehen will. Und ich habe mich entschieden, glücklich zu sein. Diese Entscheidung treffe ich jeden Morgen, wenn ich aufwache, denn ich kann wählen. Ich kann im Bett bleiben und damit hadern, dass mein Körper dies und jenes nicht mehr so reibungslos schafft - oder ich kann aufstehen und dankbar sein für alles, was ich noch kann. Jeder Tag ist ein Geschenk, und solange ich meine Augen öffnen kann, will ich sie auf den neuen Tag richten, und solange ich meinen Mund öffnen kann, will ich Gott danken für all die glücklichen Stunden, die ich erleben durfte und noch erleben darf."
Robert Staib

# Feuer der Gemeinschaft

Ein Schüler kam zu Rabbi Pinchas und klagte
ihm sein Leid: „Ich habe es satt, Sabbat für
Sabbat an den gemeinsamen Gebeten
der Gemeinde teilnehmen zu müssen.
Meine Gebete kann ich doch genauso
gut allein zu Hause verrichten."

Rabbi Pinchas hörte ihm verständnisvoll zu.
Dann ging er zur Feuerstelle, nahm
mit einer Zange ein großes Stück
glühender Kohle aus dem Gluthaufen,
legte es auf den Boden und wartete.

„Na, und?", fragte der Schüler verständnislos.
„Na, und?", stellte der Rabbi die Gegenfrage.
„Was wird mit der glühenden Kohle nun sein?"
„Sie wird bald ausgehen", antwortete der Schüler.

„Siehst du, genauso wird auch dein Glaube
bald erlöschen, wenn du dich von der
betenden Gemeinde absonderst."
Aus der chassidischen Tradition

# Können Sie es nicht kürzer machen?

Ein Kaufmann wollte seinen Sohn auf eine Schule schicken, aber als er den Stundenplan sah, schüttelte er den Kopf.

„Muss mein Sohn das alles lernen?", fragte er den Direktor. „Können Sie es nicht kürzer machen? Er soll so schnell wie möglich fertig werden!"

„Das kommt ganz darauf an, was er werden will",
antwortete dieser.

„Wenn Gott eine Eiche machen will, nimmt er
sich zwanzig Jahre Zeit. Für einen Kürbis
braucht er nur zwei Monate."
Friedrich Dietz

# Das alte Gebet

Ein Rabbiner durchquerte ein Dorf, ging in den Wald
und dort, am Fuß eines Baumes, betete er.
Und Gott hörte ihn.

Auch sein Sohn durchquerte dieses Dorf.
Er wusste nicht mehr, wo der Baum war und betete
also an irgendeinem Baum. Und Gott hörte ihn.

Der Enkel des Rabbiners wusste weder, wo der Baum
war, noch wo der ganze Wald war. Er ging zum Beten
in das Dorf. Und Gott hörte ihn.

Der Urenkel wusste weder, wo der Baum war,
noch der Wald, noch das Dorf. Aber er kannte
noch das alte Gebet. So betete er zu Hause.
Und Gott hörte ihn.

Der Ururenkel kannte weder den Baum,
noch den Wald, noch das Dorf, noch das Gebet.
Er kannte aber noch die Geschichte und erzählte sie
seinen Kindern. Und Gott hörte ihn.
Jüdische Legende

Ein Boot in der Lagune. Ein alter Fischer – er steht am Bug, das Wurfnetz in den Händen. Seit einer halben Stunde sehe ich ihm zu. Er versteht sein Handwerk.

In vollendetem Kreis fällt das Netz in das Wasser. Er lässt es sinken, wartet, bis der bleibeschwerte Rand den Boden berührt. Dann zieht er es hoch, behutsam, mit hoffenden Händen, spürend, ob Leben im Netz ist oder ob der Wurf wieder einmal umsonst war. Das Netz ist leer. Er schüttelt es aus, entfernt den Unrat, bereitet sich zum nächsten Wurf.

# Hoffnungsübungen

Ich habe die Würfe gezählt: Dreiundzwanzigmal ist
das Netz auf das Wasser geklatscht.
Jedesmal zog er es leer heraus.

Der alte Fischer weiß: Es gibt Tage, da muss man
das Netz werfen wider besseres Wissen: Zwanzigmal,
fünfzigmal, hundertmal − weil es nötig ist, das Netz
zu werfen − als Einübung in die Praxis der Hoffnung
− weil nicht werfen aufgeben hieße − und aufgeben
hieße, aufhören zu leben.
L. Weingärtner

# So gelingt das Leben

Es lebte einmal ein Graf, der wurde sehr,
sehr alt, weil er ein Lebensgenießer
par exellence war. Er verließ niemals
das Haus, ohne eine Hand voll
Kaffeebohnen einzustecken.

Er tat das, um die schönen Momente
des Tages bewusst wahrzunehmen
und sie besser zählen zu können.

Für jede positive Kleinigkeit, die er tagsüber erlebte –
z. B. das Lachen einer Frau, ein Glas guten Weines –,
für alles, was die Sinne erfreut, ließ er eine Bohne
von der rechten in die linke Jackentasche wandern.

Abends saß er zu Hause und zählte die Bohnen aus
der linken Tasche, er zelebrierte diese Minuten förm-
lich. So führte er sich vor Augen, wie viel Schönes
ihm an diesem Tag widerfahren war, und freute sich.

Sogar wenn er bloß eine Bohne zählte, war
der Tag gelungen - es hatte sich zu leben gelohnt.
Weisheitsgeschichte

Auf einer Halbinsel des Comer Sees träumt die Villa
Arconati einsam vor sich hin. Nur der Gärtner lebt da,
und er führt auch die Besucher.
Ich frage ihn: „Wie lange sind Sie schon hier?"
„24 Jahre."
„Und wie oft war die Herrschaft hier in dieser Zeit?"
„Viermal."
„Wann war das letzte Mal?"
„Vor 12 Jahren", sagte der Gärtner.

# Kann er heute kommen?

„Ich bin fast immer allein. Sehr selten,
dass ein Besuch kommt."
„Aber Sie halten den Garten so gut instand,
so herrlich gepflegt, dass Ihre Herrschaft morgen
kommen könnte."

Der Gärtner lächelt: „Oggi, Signore, oggi!"
„Heute, mein Herr, heute!"
Rolf Sättler

# Vom Loslassen

Der Schüler ging zum Meister und fragte ihn:
„Wie kann ich mich von dem, was mich
an die Vergangenheit heftet, lösen?"

Da stand der Meister auf, ging zu einem Baumstumpf, umklammerte ihn und jammerte:
„Was kann ich tun, damit dieser Baum mich loslässt?"

# Geheimnis

Ein Mann und seine Frau waren seit über 50 Jahren
verheiratet. Sie haben alles miteinander geteilt, außer
einer einzigen Sache. Die Frau hatte einen alten
Schuhkarton ganz oben im Kleiderschrank, den ihr
Mann nicht berühren durfte.

Der Mann hat sich nichts dabei gedacht und nie nach dem Inhalt gefragt. Irgendwann hatte er die Kiste schon komplett vergessen. Bis zu dem Tag, an dem seine Frau ins Krankenhaus musste.

Weil sie dachte, es könnte mit ihr zu Ende gehen, erlaubte sie ihrem Mann zum allerersten Mal, in den Karton zu schauen. Er stieg auf die Leiter, nahm den Karton aus dem Schrank und schaute hinein.

Als er den Inhalt sah, ist er fast von der Leiter gefallen: Darin waren zwei gehäkelte Puppen - und 95.000 Euro!

Fassungslos fuhr er zurück ins Krankenhaus und bat seine Frau um eine Erklärung. Sie sagte: „Kurz vor unserer Hochzeit sagte meine Großmutter zu mir, dass das Geheimnis einer erfolgreichen Ehe wäre, niemals zu streiten. Falls ich jemals sauer auf dich wäre, sollte ich ruhig bleiben und eine Puppe häkeln."

Der Mann war sichtlich gerührt. Es lagen nur zwei Püppchen in der Kiste, also war sie in all den Jahrzehnten nur zwei Mal sauer auf ihn. Überwältigt gab er seiner Frau einen Kuss. Dann fragte er, woher eigentlich das ganze Geld käme.
„Oh", sagte sie, „das ist das Geld, das ich mit dem Verkauf der Puppen verdient habe."

# Mit-Leid

Ein kleines Mädchen kam später nach Hause,
als die Mutter erwartet hatte.

Als die Mutter nach dem Grund der Verspätung
fragte, antwortete das Kind: „Ich habe Julia geholfen.
Ihre Puppe ist kaputtgegangen."

„Hast du ihr geholfen, sie zu
reparieren?", fragte die Mutter.

„Nein", antwortete das Kind,
„ich habe ihr geholfen zu weinen."

115

# Weihnachtsgeschichte der Tiere

Die Tiere diskutierten über Weihnachten. Sie stritten darüber, was wohl die Hauptsache an Weihnachten sei.

„Na klar, Gänsebraten", sagte der Fuchs,
„was wäre Weihnachten ohne einen Gänsebraten!"

„Schnee", sagte der Eisbär, „viel Schnee!" Und er schwärmte verzückt: „Weiße Weihnachten feiern!"

Das Reh sagte: „Ich brauche einen Tannenbaum, sonst kann ich nicht Weihnachten feiern!"

„Aber nicht so viele Kerzen", heulte die Eule, „schön schummrig und gemütlich muss es sein. Stimmung ist hier die Hauptsache! Gute Stimmung ist wichtig zu Weihnachten!"

„Aber mein neues Kleid muss man sehen", sagte der Pfau. „Wenn ich kein neues Kleid kriege, ist es für mich kein Weihnachten!"

„Und etwas Schmuck", krächzte die Elster. „An jedem Weihnachtsfest bekomme ich etwas: einen Ring, ein Armband, eine Brosche oder eine Kette, das ist für mich das Allerschönste an Weihnachten!"

„Na, aber den Stollen bitte nicht vergessen", brummte der Bär, „das ist doch die Hauptsache. Wenn es den nicht gibt, und all die anderen süßen Sachen, verzichte ich lieber auf Weihnachten."

„Mach's wie ich", sagte der Dachs, „pennen, pennen, einmal ganz richtig ausschlafen! Das ist für mich das Wahre an Weihnachten!" „Und saufen", ergänzte der Ochse, „mal richtig einen saufen und dann pennen!"

Dann schrie er ‚Aua', denn der Esel hatte ihm einen gewaltigen Tritt versetzt. „Du Ochse, denkst du denn hier nicht an das Kind?"

Da senkte der Ochse beschämt den Kopf und sagte: „Das Kind, ja das Kind ist doch die Hauptsache zu Weihnachten! Seht da, wie es uns anlächelt."

„Übrigens", fragte der Esel: „Wissen das denn auch die Menschen?"

# Das Geschenk

Auf einer abgelegenen Südseeinsel lauschte ein
Schüler aufmerksam der Weihnachtserzählung der
Lehrerin, die gerade erklärte:

„Die Geschenke an Weihnachten sollen uns an die Liebe Gottes erinnern, der seinen Sohn zu uns auf die Erde gesandt hat, um uns zu erlösen, denn der Gottessohn ist das größte Geschenk für die ganze Menschheit. Aber mit den Geschenken zeigen die Menschen sich auch untereinander, dass sie sich lieben und in Frieden miteinander leben wollen."

Am Tage vor Weihnachten schenkte der Junge seiner Lehrerin eine Muschel von ausgesuchter Schönheit. Nie zuvor hatte sie etwas Schöneres gesehen, das vom Meer angespült worden war.

„Wo hast du denn diese wunderschöne und kostbare Muschel gefunden?", fragte sie ihren Schüler.

Der Junge erklärte, dass es nur eine einzige Stelle auf der anderen Seite der Insel gäbe, an der man gelegentlich eine solche Muschel finden könne. Etwa 20 Kilometer entfernt sei eine kleine versteckte Bucht, dort würden manchmal Muscheln dieser Art angespült.

„Sie ist einfach zauberhaft", sagte die Lehrerin.
„Ich werde sie mein Leben lang bewahren und dich darum nie vergessen können. Aber du sollst nicht so weit laufen, nur um mir ein Geschenk zu machen."
Mit leuchtenden Augen sagte der Junge:
„Der lange Weg ist ein Teil des Geschenkes."

# Die drei Gaben

Als die drei vornehmen Gäste aus dem Morgenland auf höheren Befehl Bethlehem und das Kind in der Krippe verlassen hatten, nahten sich drei andere Gestalten. Sie kamen ohne Gefolge, unauffällig und unansehnlich. Mühsam setzten sie Schritt vor Schritt. Ihre Gesichter waren so von Staub bedeckt, dass man die Hautfarbe kaum erkennen konnte.

Der Erste von ihnen ging in Lumpen und blickte unruhig um sich. Offenbar war er durstig und hatte Hunger. Hohle Augen, die zu viel Leid gesehen hatten, saßen in den tiefen Höhlen. Der Zweite ging vornüber geneigt. Er trug Ketten an den Händen, Durch die weite Reise und das lange Tragen waren die Hände wundgescheuert. Die Füße bluteten. Der Dritte hatte wirre Haare und einen unsteten und suchenden Blick, als ob er nach etwas Verlorenem Ausschau hielte.

Die Leute, die um das Haus des Neugeborenen herumstanden, hatten schon viele ungewöhnliche Besucher gesehen. Aber als diese drei Gestalten auf sie zukamen, wichen sie scheu zurück. Da wurde von innen die Tür geöffnet. Joseph kam heraus und beschwichtigte sie: „Ihr Leute, zu diesem Kind hat jedermann Zutritt arm oder reich, elend oder vornehm, anständig oder unanständig, vertrauenswürdig oder verdächtig. Es gehört niemandem allein! Nicht einmal uns, seinen Eltern. Lasst alle herein!" Verwundert über die Worte Josephs machte man den Dreien Platz. Nun standen sie vor der Krippe und betrachteten lange und stumm das Kind.

Der Erste nahm einige seiner Lumpen,legte sie auf das Stroh und sagte: „Nimm meine Lumpen. Du wirst sie einmal tragen, wenn sie dir deine Kleider nehmen und du allein und nackt sein wirst. Dann denke an mich."

Der Zweite nahm eine seiner Ketten und legte sie ihm neben die Hand. „Nimm meine Fesseln. Sie werden dir passen, wenn du älter bist. Man wird sie dir einmal umlegen, wenn man dich wegführt. Dann denke an mich."

Der Dritte beugte sich tief über das Kind und sagte: „Nimm meine Zweifel und meine Gottverlassenheit. Ich kann sie nicht allein tragen. Sie sind mir zu schwer. Nimm sie und schreie sie heraus, wenn die Stunde kommt."

Tief erschrocken hielt Maria die Hände abwehrend über das Kind. Joseph griff in die Krippe, um Lumpen und Fesseln wegzunehmen. Aber es war, als ob sie mit dem Kind verwachsen wären. Das Kind selber lag still da und sah die drei Männer an. Nach langem Schweigen erhoben sie sich. Sie streckten sich aus, als ob etwas Schweres von ihnen abgefallen wäre. Sie hatten den Ort gefunden, wo sie ihre Last niederlegen konnten.

Sie wussten: bei diesem Kind war sie gut aufbewahrt. Es würde alles bis zuletzt durchgetragen: die Not, die Plage und die Gottverlassenheit. Mit zuversichtlichem Blick und festem Schritt gingen sie wieder hinaus.
Werner Reiser

# Quellenangaben

17          aus Jürgen Werth, Geschichten zum Lesen und Leben,
2020 mediaKern, 46485 Wesel

40/41     Axel Kühner, Die drei Siebe, in: ders., Überlebensgeschichten
für jeden Tag. © 1991 Neukirchener Verlagsgesellschaft mbH,
Neukirchen-Vluyn, 23. Auflage 2021, S.145

48/49     © Heribert Haberhausen, Dem Leben begegnen, 2017

54          Axel Kühner, Vergiss das Gute nicht, in: ders., Überlebensgeschichten
für jeden Tag. © 1991 Neukirchener Verlagsgesellschaft mbH,
Neukirchen-Vluyn, 23. Auflage 2021, S. 282

57          aus: Roland Breitenbach, Mehr als die alte Leier: Neue Psalmen
für Gottesdienst und Gemeinde. Gebete – Texte – Segensworte
© Matthias Grünwald Verlag. Verlagsgruppe Patmos in der
Schwabenverlag AG, Ostfildern 2009. www.verlagsgruppe-patmos.de

77          aus: Typisch! Kleine Geschichten für andere Zeiten, 2005.
Hamburg: Andere Zeiten e.V., www.anderezeiten.de

81          Axel Kühner, Die Gabe des Schweigens, in: ders., Eine gute Minute.
365 Impulse zum Leben. © 1994 Neukirchener Verlagsgesellschaft mbH
Neukirchen-Vluyn, 11. Auflage 2015, S. 54ff.

88/89     Axel Kühner, Warten und Handeln, in: ders., Überlebensgeschichten für jeden Tag. © 1991 Neukirchener Verlagsgesellschaft mbH, Neukirchen-Vluyn, 23. Auflage 2021, S. 16

90/91     Axel Kühner, Ein Liebesbrief, in: ders., Überlebensgeschichten
für jeden Tag. © 1991 Neukirchener Verlagsgesellschaft mbH,
Neukirchen-Vluyn, 23. Auflage 2021, S. 60

92/93     Robert Staib

98/99     © Friedrich Dietz

106/107   © Rechte bei Rechtsnachfolgerin Anni Sättler, Eva-Maria Michel

120/121   aus Werner Reiser, Vom Engel, der nicht mitsingen wollte,
4. Aufl. Brunnen Verlag GmbH, Gießen 2008.
www.brunnen-verlag.de

# Fotografen

# Buchempfehlungen

**Die goldene Schatzkiste** · 52 Impuls-Geschichten für's Leben
Diese Schatzkiste ist randvoll von solchen glänzenden
Erzählungen, die einen Reichtum von guten Gedanken-
anstößen versprühen. Wer sie öffnet, kann sich ein Jahr l
ang jede Woche beschenken lassen - oder vorlesend die
Kostbarkeiten mit lieben Menschen teilen.
Bildband, 128 Seiten, 12 x 17 cm, durchg. bebildert.
RKW 5114 · ISBN: 978-3-86338-114-1

**Kleine Schätze** · 52 Impuls-Geschichten wollen zündender
Funke sein für hilfreiche Einsichten, können staunen lassen
und das Leben unter den Menschen und zwischen Gott und
Mensch mehr als ein Schatz bereichern. Viele Autoren sind
an diesem Buch beteiligt; der wichtigste Autor aber ist das
Leben selbst.
Bildband, 128 Seiten, 12 x 17 cm, durchg. bebildert.
RKW 5156 · ISBN: 978-3-86338-156-1

**Ein Päckchen voller Geschichten**
Humor würzt jede Erkenntnis und so ist die Mischung aus
Lebensweisheiten und augenzwinkernden Pointen das
Erfolgsrezept dieser Geschichten. 33 Kurzgeschichten re-
gen an, das Leben aus neuen Perspektiven zu betrachten
und prägen sich mit Ihren unkonventionellen Gedanken
ein. Eine heitere Lektüre aber auch ein Fundus kleiner
Impuls-Andachten für viele Gelegenheiten.
Hardcover, 120 Seiten, 10,5 x 15,5 cm.
RKW 5018 · ISBN: 978-3-86338-018-2

# Immer frische Impulsgeschichten

Möchten Sie regelmäßig weitere Schmunzel-Geschichten lesen?
Dann entdecken Sie den Kawohl-Geschichten-Kalender.
Jedes Monatsblatt erfrischt mit einprägsamen Beispiel-
erzälungen und symbolstarken Bildern.

**Über das Leben** · Der dekorative Wand-Kalender
13 Blätter, Kunstdruck, Spiralbindung, 42 x 30 cm.

**Aus dem Leben - für das Leben** · Maxi-Postkarten-Kalender
13 Blätter, Postkartenkarton, Spiralbindung, Aufsteller, 21 x 18 cm.

Unsere Verlagsproduktion umfasst Bücher,
Foto-Poster, Kalender, Karten usw. Fragen Sie
nach Kawohl-Produkten oder fordern Sie
Prospekte an.

www.kawohl.de